MULLA ON MAJA

Pertti Lehmuskoski

MULLA
ON
MAJA

Toinen runokirja

sarjassa

Runojen puutarhassa

Kangasalla

loppukesästä 2018

Kustantaja: BoD – Books on Demand, Helsinki, Suomi
Valmistaja: BoD – Books on Demand, Norderstedt, Saksa
ISBN: 978-952-80-0468-4

”Niin pysyvät nyt usko, toivo, rakkaus,
nämä kolme; mutta suurin niistä on
rakkaus.”

(1.Kor.13:13)

Sisältää runot:

Äidin ilo

Äidin suuri ilo
on
pieni lapsi
pienessä
leikkimökissään
kattamassa
pientä pöytää
levittämässä
pienelle pöydälle
pientä liinaa
laittamassa
pienelle pöydälle
pienen liinan päälle
pienet kupit
kaatamassa
pienestä
posliinikannusta
leikkikahvia
pienellä pöydällä
pienen liinan päällä
oleviin
pieniin kuppeihin
pieni suu
tyytyväisessä
mutrussa

pienistä asioista
tulee
äidin sydämeen
niin
suuri ilo

pienen pienestä
tulee
suuren suuri

Mulla on maja

Kaupan kassalla
pieni poika
pyöreäposkinen
iloinen
äidin kanssa
ostoksilla
silmät alhaalla
tiskin tasolla
kun kassa huomaa
ja hymyilee
poika sanoo:
mulla on maja

Tätiä huvittaa
suloinen poika
missä sulla
on maja
no omassa
kodissa
missä siellä
ulkonako
ei ku sisällä
omassa huoneessa
vai niin
mitä sinä teet siellä
leikin majaa ...
...hmm ... kotia
Jaa... hienoo ...
se on kiva leikki

Kotileikki on tosi kiva leikki
mutta koti ei aina ole leikki
koti on elämää
tosi elämää
joskus totista elämää
joskus jopa kovaa elämää

Koti on arkea
joskus juhlaa
koti on yhteistä oloa
joskus menoa
joskus tuloa
kaipausta
odotusta ja iloa
nukkumista
heräämistä
valvomista
kodin siivoamista
vikojen korjaamista
pyykin pesemistä
läksyjen lukeista
laskujen maksamista

Koti ei aina ole leikki
koti on totta
koti on elämää

Äiti on
ripustanut
kodin
seinälle
taulun
jossa lukee
Jeesus on
tämän kodin pää!

Isoisän aamu

Uusi aamu
katson ikkunasta ulos
valo leikkii puissa
puun oksissa ja rungoissa
valo tekee aamun kauniiksi
en näe aurinkoa itseään ikkunasta
mutta tiedän se on kuitenkin

Jumalan olemassaolon
näkee kun osaa katsoa
ympärillä on niin paljon kaunista
se näkyy ihmisissä ystävissä
rakastavissa kasvoissa
luonnossa sen ihmeissä
kasveissa siemenissä
pienessä mikromaailmassa
suuressa ulkoavaruudessa
sen kokee sydämessä
ilossa kivussa rukouksessa
vaikka en Häntä näe
uskon ja koen sen kuitenkin

Olen onnellinen
en ymmärrä kaikkea
mutta Isä taivaallinen
sinä olet minun kanssani
minun joka myös olen isä
ja olen myös ukki ja isoisä
Sinä olet sydämessä minussa
olet kodissa perheessä
luona pojan pojan
rakkautesi on
vaikka näe en
rukoilen ja
tiedän sen
olet siellä kuitenkin

Pihatammen leikki

Suuressa tammessa
jykevässä rungossa
ympäri ja ympäri
kaksi nuorta oravaa kirmaa
korkealle korkeammalle
sielläkään ei päätään huimaa

Pitkin paksuja oksia
nuo nuoret oravat kiitää
hyppien loikkien
toisiaan takaa ajaen
täynnä nuorta voimaa
liekö kaksi tämän kesän poikaa

Katson ylös omalla pihalla
saan ihailla juuri tuollaiseen
lehtiseen suuren puun oksistoon
salaiseen tammistoon olisin aina
lapsena kesinä oman lapsuuden
tahtonut rakentaa pienen majasen

Ylös katson edelleen
oravat pysähtyy ja katsoo vastaan
kuin kutsuen pyytäen tulemaan
oksille nousemaan leikkimään
niin tahtoisin sinne nousta
en tahtoisi hylätä tuota tarjousta

Mutta ei ole minun paikkani siellä
ylhäällä tammen oksien päällä
on pysyttävä vain ylös tähyillen
ihmisen alhaalla täällä
mutta tiedän sen kuitenkin ylös
vielä ylemmäs katson kaivaten

Maja suuri ihana pilvien päällä
taivaassa jossain ylhäällä
luona Jeesuksen ja enkelien
Isän suuren valtaistuimen
sinne katson lupaustaan odottaen
kerran pääsen kotiin luo Jeesuksen

Poikien maja puussa

Serkkujen luona
Joensuussa
sain lapsena ja nuorena
monena kauniina kesänä
loma-aikaa viettää

Metsissä juostiin
ilmakolla ammuttiin
kesyä varista ruokittiin
vapaina poikina elettiin
palloa kentällä potkittiin

Yhtenä kesänä otettiin lautaa
ja mökille lähelle järven rantaa
alettiin majaa puuhun rakentaa
se onkin sitä poikien puuhaa
kaikkea muuta hauskempaa

Lattiat seinät majaan saatiin
me pojat oikein kun ahkeroitiin
vaan loppuiko laudat
vai aika vai naulat
maja kattoaan jäi kaipaamaan

Maja maassa tai puussa
ei koskaan ihan valmista
tule niistä tässä ihmisen ajassa
mutta Jeesus lupasi koti ja maja
valmiina odottaa meitä taivaassa

Kolme majaa vuorella

Tässä on hyvä olla tällä kalliolla
Opettaja tehdäänkö kolme majaa
korkealla ylhäällä kirkastusvuorella
kun kirkkauttaan katsella saa
sitä kysyy kolme seuraajaa

Tässä on hyvä olla Jumalan kalliolla
tähän laittaisin minäkin kolme majaa
olen samalla maalla kirkastusvuorella
saanko kaiken muun unohtaa
tästä palan maata itselle omistaa

Tässä on hyvä olla samalla kalliolla
minäkin tahtoisin laittaa tänne kolme majaa
saisinko asua täällä korkealla vuorella
vaikka tuolla alhaalla tuskien tiellä vaeltaa
monta kulkijaa jotka odottaa auttajaa

Kirkastusvuorella kalliolla on ihana olla
vaikka kolmea majaa ei saakaan rakentaa
se lyhyt hetki kasvattaa niin paljon opettaa
hänen kanssaan kuljen alas sen valitsen
palveluksen nöyryytyksen tien Jeesuksen

Rasti rutussa

#"Pane rasti rutuun
jos rakstat mua"

Jotenkin näin
oli pojan viesti
tuhruinen
rakastamalleen
tytölle

Ei kerro juttu
mikä oli vastaus
tytön sille
rakastuneelle
pojalle

#"Pane rasti rutuun
jos rakstat mua"

On tänään
viesti ihmisen
monen sydämen
yksinäisen
kaipauksen

Tiedätkö
antoi Isä ristin
merkiksi rakkauden
tähden ihmisen
syntien

Ei tullut
virheitä siihen
kirjoitukseen
mikä liittyy
ristiin rosoiseen

Rasti on
ruudussa pysyen
asti taivaaseen
meitä kutsuen
tähän rakkauteen

Kysymys kuuluu
mikä sinun vastaus
on Jumalan kutsuun
laitatko sinä rastin
oman viestisi ruutuun

Majakan vartija

Tuuli käy vastaan ja
aallot lyö päin laivaa
miehillä on kova työ
löytää oman kotinsa rantaa

Vihdoin valotuikku kajastaa
se loistaa läpi pimeän ja usvain
heti tietää tuolla koti on jossain
jatkaa he matkaa ponnistain

Majakassa valvoo vanha Kustaa
yö saaren ympärillä on vain mustaa
ei voi Kustaa päätään uneen painaa
kauas katsoo yrittäen nähdä laivaa

Muistaa Kustaa myrskyissä
tuolla julmissa meren vaaroissa
on tulossa monta kylän miestä
ilman apua ei he selviä yöstä

Siksi Kustaa valvoo pitää yllä tulta
arvokkaampaa nyt kuin kulta
jatka vaan Kustaa jatka vaan
sinä olet päässyt työhön majakkaan

Yön pimeässä kaikuu ääni huutajan
nyt nähdään laivan kotirantaan saapuvan
miehet pelastuu ja laiva kotiin saa
lepoon miehet perheet nukahtaa

Kustaa huokaa miettien: "Työtä jatkan!"
on valon loistettava tämän majakan
yö on pitkä ja Kustaa työtään jatkaa
tietää moni tekee siellä kotimatkaa

Sinä ystävä työssä omassa majakassa
olet tehtävän saanut tässä ajassa
jatka työtäsi jatka vaan
monet saa löytää tiensä satamaan

Pian päivä tulee ja nousee aurinko
sinun majakkaasi tulee levon vuoro
nyt on meidän tehtävä työtä
kun vielä hetken jatkuu yötä

Päivän keikka

Tänään heitettiin matka Helsinkiin
sinne yhdelle laidalle Suomen
tytär meidän nuorimmainen
viidestä viimeinen
lähtee hänkin maailmalle
ottaa nyt ilmaa siipien alle

Ilo on tyttöä lentoon saattaa
vanhemmat tahtoo lastaan auttaa
tavaroitaan kuljettaa
uuteen kämppäänsä avittaa
tytöstä tulee pianisti
soittaa jo nyt tosi kauniisti

Taivaan Isä lastaan varjelkoon
kaikkeen hyvään ja kauniiseen
Hänen teillään omanaan auttakoon
taivaan Isänä tahtonsa hyvä on
minä isänä toivon ja rukoilen
Annathan Sinä Isä siunauksen!

Ystävät Mordvan maan

Sergei ole uskollinen
Mordvan kauniilla maalla
viljelet sarkaasi kovalla työllä

Sveta äitinä isossa perheessä
työssä Jumalan käytössä
olet siunattu kauniissa kodissa

Pojat Sasha Pavel ja Vitja
työtä te teette aina ahkeroitte
pian myös satoa Herralle saatte

Upeat tyttäret Mordvan maan
nopeat kaikessa palvelemaan
apua Herran tulette kokemaan

Liisa tyttö nuorin hiljainen
suloinen niin rakkaudellinen
olet laumassa sinäkin Jeesuksen

Ivan uskollinen paimen lauman
sydän lauman taitavan johtajan
tiedän Paimenen sinuakin auttavan

Ystävä Mordvan veli ja sisko
Jeesuksessa pysykää pitäkää usko
älkää milloinkaan periksi antako

Sana käännettiin teille moksaksi
maallenne suureksi siunaukseksi
jaettavaksi joka kotiin lahjaksi

Te olette Jumalan heimo ja kansa
Hänen kuvansa ja palvelijansa
Hänen uskolliset seuraajansa

Muistamme teitä ystävät rakkaat
Jumalalle kalliit ja arvokkaat
rukouksemme ylhäällä kohtaavat

Punnitsen elämää

Talot on väliaikaista
autot on väliaikaista
raha on väliaikaista
ura on väliaikaista
Jumala on ikuista

Panostanko kaiken voimani
ja annanko kaiken aikani
ensimmäiselle neljälle
enkä mitään Jumalalle
ei ihme etten Hänta nää
etten mitään Hältä saa

Sille mikä on lyhytaikaista
ja vain väliaikaista
sillekö minä kaiken annan
kun ois tarjolla enemmän
minä tahdon löytää Jumalan

Rakkautensa on ikuista
armonsa on ikuista
taivaansa on ikuista
Sanansa on ikuista
minun Jumalani on ikuista

Hän on mitä tahdon omistaa
kaikki muu vain epävarmaa
siis vain jos hyvin onnistaa
jos jaksaa oikein ponnistaa
vain silloin siitä onnen saa

Ihmisen sielu on ikuinen
minä olen siitä vastuullinen
riippumatta siitä tiesinkö sen
hullu olen jos katkaisen
sahaan oksan sillä itse istuen

Turvaksi

Nousen portaissa
ihan uuvuksissa
tartun kaiteeseen
luotan sen otteeseen
se on turvaksi
rakennettu avuksi
astujalle hyödyksi

Olen sateessa
hienossa asussa
varjoni avaan
tartun sen kahvaan
se on suojaksi
pahan päivän varaksi
etten tulisi märäksi

Olen kaupassa
tavaroita hakemassa
turvaan ostoslistaan
mitäs se nyt olikaan
mitä tulin ostamaan
joudun listan ottamaan
ohjeet jälleen lukemaan

Olen pulassa
joskus tosi pahassa
tartunko Raamattuun
turvaanko Jumalan
käteen ojennettuun
saan kuulla sanoman
ristiltä viestin Golgatan

Olen koulussa
elämänmittaisessa
opin yhden asian
että meno tämän maailman
ei anna turvaa ollenkaan
ei anna suojaa ei neuvoa
tarvitsen Jeesuksen apua

Minun majani

Minun majani maani ja mantuni
ovat täällä Pohjolassa
minun isäni äitini sukuni
kaikki elivät tässä maassa

Minun majani maani ja mantuni
ovat vain tässä ajassa
täällä nämä onneni ja iloni
ovat maassa katoavassa

Leipä ruoka ja elatus
aina ollut on kovassa työssä
ihmisten osana uurastus
se ajassa elämässä

Mutta uusi maja uusi maa
se on luvattu pyhässä Sanassa
perillä väsynyttä kulkijaa
Jeesus on odottamassa

Iloni leponi niin suuri autuus
valmiina ylhäällä taivaassa
nyt kantaa kaipaus odotus
tässä muukalaisten maassa

Missä kulkee raja

Kuka sen kertoo?

Missä kulkee raja
     tasangon ja vuoriston välillä
Missä kulkee raja
     ilmakehän ja avaruuden välillä
Missä kulkee raja
     nöyryyden ja nöyristelyn välillä
Missä kulkee raja
     höyryn ja veden välillä
Missä kulkee raja
     hulluuden ja nerouden välillä
Missä kulkee raja
     unen ja valveen välillä
Missä kulkee raja
     lapsuuden ja nuoruuden välillä
Missä kulkee raja
     valheen ja suojelun välillä
Missä kulkee raja
     rakkauden ja itsekkyyden välillä
Missä kulkee raja
     uskonnon ja uskon välillä
Missä kulkee raja
     armon ja ansion välillä
Missä kulkee raja
     seurakunnan ja maailman välillä

Kerran viimeisellä rajalla kysytään
    seisonko täällä vai tuolla
        saanko olla Jeesuksen puolla

"Usko Herraan Jeesukseen
    niin sinä pelastut"

"Jos joku on Kristuksessa
    niin hän uusi luomus"

"sillä sydämen uskolla
    tullaan vanhurskaaksi
ja suun tunnustuksella
    pelastutaan"

Rajaviiva ja rajapyykki
    elämän ja kuoleman välillä
    pimeyden ja kirkkauden välillä
    taivaan ja maan välillä

        on Vapahtaja Jeesus Kristus

Onko Jumalaa olemassa

Jotkut sanoo ja väittää
ei ole olemassa Jumalaa
toiset avoimuutta osoittaa
ja pohtii tätä ongelmaa
mistä löydän vastaajan
hyvän luotettavan neuvojan

Kysynkö siltä joka
kieltää ja kiroaa
en ole nähnyt Jumalaa
en ole kuullut Hänen ääntään
ei ole kävellyt vastaan
siksi Häntä ei ole
ei ole Jumalaa

Vai kysynkö siltä
joka vielä etsii ja hapuilee
joka itsekin kyselee
vaihdanko kysymyksiä
arveluita ja arvioita
menenkö kanssaan kysellen
puolelta toiselle ontuen

Vai kysynkö siltä joka sanoo
minä tunnen Sanansa
olen kohdannut armonsa
olen kuullut Hänen äänensä
Hän on minun luonani ja
on minun kanssani
tiedän että on Jumala

Oikea todistaja oikeudessa
on se joka on nähnyt ja
kuullut ja joka tuntee asiaa
jolla on jotain sanottavaa
kuulijat ratkaisee onko
hänen todistuksensa oikea
ja onko todistaja luotettava

En kysy nyt keltään ihmiseltä
en edes luotettavalta
voin kysyä Häneltä
josta nyt on kyse
kysyn oletko Sinä siellä
lähetän kutsun Hänelle
aitioon todistajan paikalle

Kukaan ihminen ei koskaan
saa minua uskomaan
että Jumalaa ei ole
jos Hän itse todistaa ja sanoo
lapseni olen sinun kanssasi
olen sinun apusi älä pelkää
Henkeni todistaa sydämessäsi

Elämän jatkopala

Perhe kodissaan
viettää aikaa
arkista usein
mutta joskus
myös juhlaa

Silloin kutsutaan
ukkia mummia
tätiä setää serkkua
naapuria pastoria
työtoveria kaveria
ystäviä ja muita monia

Jos pöytä on liian lyhyt
perheelle kyllä riittänyt
aamupalat ateriat
kahvit ja lounaat
jokainen on syönyt
mutta mitäs me tehdään nyt
kun ei pöytä enää riittänyt

Onneksi meillä on pöytä
joka on jatkettava
siihen löytyy lisättävä pala
keskelle pöytää asennettava
mahtuu nyt pöytään
kupit ja kannut
kahvipannut
ruuat ja herkut
kaikki esille kannetut

Pieni on tämä ihmiselämä
lyhyt joskus siltä näyttää
että liian lyhyt
kaikkea kokemaan
kaikkea saamaan
kaikkea näkemään
näkemäänsä ottamaan
nauttimaan
iloa elämästä saamaan
lyhyt on tämä elämä

Olisiko jatko-palaa elämään ollut
joku on ehkä sitäkin kokenut
elämä on jotenkin vaan jatkunut
mutta usein ei paloja jaeta
ei voi kukaan kuolemaa paeta
lyhyt on tää elämä

Jatko-pala mutta sehän on
eikä se ole vain pala
vaan pitkä ikuisuus loppumaton
elämä jatkuu ja uskovan
edessä on taivas
riemua iloa
juhlaa kiitosateria
pelastettuja ihmisiä
ei tuskaa ja kärsimyksiä

Kannattaa uskoa Jeesukseen
astua sisälle pelastukseen
ja lähteä matkalle mukaan
Jeesus johdattaa taivaaseen
sitä varmasti ei kadu kukaan

Homeinen juusto

Ulkokuori
mitä se merkitsee
jos sisällä on mätää
pussin kun aukaisee
sitten vasta tietää

Eilen ostettiin kolme
juustoraastepussia
hyllystä valittiin
kotona avattiin ja
yksi olikin homeessa

Vaimoni pyysi viemään
sen yhden homeisen
kauppaan takaisin
iso vaiva niin pienestä
homeisesta juustosta

Ihmisestä ei tiedä
silloin kun tapaa
mitä on sisällä
ennen kuin avaa
se olikin pilalla

Onneksi oli kaksi
hyvää juustopussia
yksi huono ja kaksi hyvää
kunpa yhtä ilkeää ja pahaa
ihmistä kohti olisikin kaksi hyvää

Kauhtunut takki

Kauhtunut takki
jota päälläni kannan
luullen sen
se charmia tuo olemukseen

Se kauhtunut takki
niin kauan kuin muistan
olen luullut niin
se vetoaa kaikkiin ihmisiin

Tuo kauhtunut takki
olen minä niin oletan
ilman sitä ei minua olekaan
siksi en suostu siitä luopumaan

Tämä kauhtunut takki
vihdoin käsitän
vain vanginpuku vankilan
on orjan kahle nyt ymmärrän

Vanha kauhtunut takki
sen luovutan
nyt etsin ja löydän uuden saan
vaihdan vanhan takkini parempaan

Se vanha kauhtunut takki
oli valhetta
charmia luulin antavan
oli kuitenkin ylpeyttä kantajan

Kauhtunut takki
vain peite roskan ja pahan
löysin Hänet uuden takin Antajan
Jeesus antoi takin uuden puhtaamman

Tulvavesi

Likainen vesi lainehtii kaikkialla
tulvana pahana se virtaa matalalla
käyttää jokaisen mahdollisuuden
täyttää kolon kuopan vaon jokaisen
mistä tiensä löytää sisään vain
rakennuksiin pohjakerroksiin
perustuksiin asti mihin tie aukenee
se tunkee tuo märkää likaa tuhoaan
nyt sataa rajusti taivas aukeaa

Mitä alempana olet vaara sen suurempi
onko talosi kahdesta aina se alempi
pieninkin likainen virta ja tulvavesi
ensiksi löytää sinun talosi
kun tie sinne on lyhin ja helpoin
sinne se tulee tie sinne on nopein
ei ole estettä pahan virralle sen tulvalle
sadevedelle kaiken likaavalle saastalle
nyt pahan myrsky talosi tavoittaa

Mieluummin rakenna korkealle
sinun talosi kukkulalle mäelle suurelle
sinne ei myrskyn virrat ensin tule
pyri lähelle taivasta ylhäälle aukealle
ilosi suuri vapaus kuin muuri
sydän on vapaa kiittämään Herraa juuri
joka kaiken hyvän antaa Hän armahtaa
virrat nuo tuhon lian saastan kaiken pahan
ei ylös virtaa vaan alas poispäin talostas
säästyy ylhäälle vuorelle päässyt asukas

Mitä kertoo tulva virran opetuksenaan
parempi pyrkiä päästä turvaan tuhoaan
ei kysy se neuvoa mieltäs asukkaan
ei katsokaan päin nauraa vaan
riehuu huutaa metelöi tulvii raivoaan
miksi ajoissa et kuunnellut luokseni tullut
olisin sinua auttanut rientämään neuvonut
ylös menemään sinne talon laittamaan
hyvään parhaaseen paikkaan rakentamaan
tulvan sateen tultua on turha enää katua

Tuuleta kunnolla

Niin tunkkainen tunnelma
ja hapeton olo
liian kuumaa
tuntuu pahalle
minä tahtoisin muualle

Tuuletan kunnolla!

Tappion tunnelmaa
väsynyt olo
kaikki vaan painaa
menee penkin alle
taidanpa lähteä pihalle

Tuuletan oikein kunnolla!

Joskus oli iloa
muillekin jakaa
mihin se on hävinnyt
tuhkana tuuleen häipynyt
nyt olen ihan pihalla

Tuuletan siis kunnolla!

Jos uutta iloa saat
sitä taas muillekin jaat
ilolla aamusi aloitat
kätesi riemulla kohotat
on aika ylistää

Tuuleta kunnolla!

Timantti

Jalokivi puristuu
jalokiveksi
äärimmäisen
kovassa
paineessa
pimeässä
maan sisässä

Tavallisia kiviä
on paljon
heiteltäväksi
haudattavaksi
poljettavaksi
koloja
täytettäväksi

Joku tulee
ja kaivaa
etsii vaivalla
nostaa esiin
maan sisältä
syvältä piilosta
puristuneen kiven

Joku näkee
että tässä se on
jalokivi
arvokas aihio
harvinainen
erityislaatuinen
ottaa talteen

Se hiotaan
kiillotetaan
laitetaan
sormukseen
kelpaa
kuningattarille
pannaan näytille

Sinä puristunut
paineessa
tuskassa itkuissa
olet aihio
arvokas
ainutlaatuinen
tässä se on

Jeesus
ottaa sinut
hioo kauniiksi
puhdistaa
asettaa
sormukseen
olet timantti

Ilmestysmaja

Ilmestysmaja on
Jumalan maja
erämaassa vaeltavan
Jumalan kansan keskellä
kotimaataan se etsii
ja tarvitsee paikan
kohdata Jumalaa

Ilmestysmaja on
Jumalan telttamaja
se on uhripaikka
pappien työmaa
jossa he uhraavat
puhtaita uhreja
Jumalalle mieluisia

Ilmestysmaja on
Jumalan pyhä maja
keskellä kansan arjen
se on lupausten paikka
armonistuin vain on se paikka
josta Jumala voi puhua
antaa äänensä kuulua

Ilmestysmaja on myös
uuden liiton maja
se on taivaassa meillä
armoistuimella Jeesus on siellä
olemme matkalla vielä alhaalla
mutta sydän pyrkii nousemaan
siellä kokemaan Hänen armoaan

Sopivat saappaat

Kerrotaan satua kissasta
jolla oli seitsemän
peninkulman saappaat
niillä kun loikkaat pääset
seitsemän peninkulmaa
kerrallaan

Peninkulma tarkoittaa jotakin
noin kymmenen
kilometrin matkaa
alunperin se on voinut tarkoittaa
koiran eli Penin
haukunnan kuulumaa

Oikeastaan en haluaisi
en sellaisia saappaita ottaisi
mitä niillä tekisin
olen ihan tyytyväinen näihin
vähän pienempiin
omiin kenkiini juuri sopiviin

Toisenlaiset kengät tarvitsen
näihin jos tyydynkin tiedän sen
Hengessä
Jumalan työssä
ilosanoman viemisessä
olen uusien kenkien tarpeessa

Alttiuden kenkiä tässä tarvitaan
Jumalan sanomaa julistamaan
ilman sanojaan Sanan saattajiaan
kansa hukkuu synkkään pimeään
siksi anna minun mennä iloisin mielin
lyhyin vaikka vain askelin pienin

Oksien alla

Istun hiljaa yksin
omassa pihassa
omassa puutarhassa
Mamreni tammistossa
pihatammen alla
riippuvassa
pyörivässä tuolissa

Tie menee alhaalla
kesän vehreys estää näkemästä
autoja ajaa ja äänet vain kuuluu
eihän autot yksin aja ne liikkuu
onhan siellä ihmisiä autoissa
kiireisiä ihmisiä autoissaan
menossa jonnekin

Tammen pitkästä vahvasta
poikkittaisesta oksasta
roikkuu köysi
ja köydessä mukava tuoli
keinuva pyörivä kiva tuoli
tässä istun hiljaa ja mietin
maailmaa ja sen menoa

Yläpuolella näen vahvoja oksia
puun suuren tuuhean oksiston
ja tulee mieleeni katsoa
onko yhtään ristin muotoista
kahden oksan haaraa
odotan melkein näkeväni

Ei yhtään oikein täydellistä
kuin kirkoissa tai koruissa
kauniissa maalauksissa
värikuvissa
lasten kirjoissa
virsikirjan tai
Raamatun kansissa

Mutta eihän risti
ollut kaunis maisema
sillä lailla täydellinen
se oli kauheaa
piinaa pimeää tuskaa
rangaistuspaikka rikollisille
ei nautinto
ei täydellinen krusifiksi

Vain se mitä ristillä
keskellä tuota julmaa
roomalaista näytelmää
saatiin aikaan
se on täydellistä ja ihmeellistä
siinä on voima muuttaa
ihminen kokonaan uudeksi

Mielessä soi laulun sanat
jossa laulaja istuu ikkunassa
Raamattunsa kanssa
katsoo ihmisiä ohikulkevia
miettii merkitseekö heille
että Jumalan Poika kuoli ristillä

Mitä merkitsee tuo suuri asia
ohiajaville
kiireisille ihmisille
autonsa ratissa rientäville
mitä se merkitsee
minulle täällä ja heille siellä
muuttaako se mitään

Epätäydellisen ristin alla
pyörivässä keinuvassa
tuolissa
tammen oksien alla
ajattelen Jeesusta
täydellistä ristin miestä
ja ristinsä suurta armoa

Kruuna vai klaava

Rahakolikkoa ei voi
niin kuin kirjaa tai taloa
katsella sisäpuolelta
vain edestä tai takaa
joko kruunaa tai klaavaa
ja sitä kolikkoa heittämällä
ratkotaan joskus isojakin asioita

Usein ratkaisee niin paljon se
millä tavalla asioita katselee
katsooko positiiviselta
vai negatiiviselta puolelta
katsooko myönteiseltä
vai kielteiseltä kannalta
näyttääkö se erilaiselta

Tunsin vanhan ystävän
kätilön terveydenhoitajan
joka kertoi kuinka nuorena ollessaan
pohjoiseen ensimmäiseen työpaikkaan
mennessään oli yötä majatalossa
ja polvistui sydämensä tuskassa
yövuoteensa ääressä

Yhtäkkiä hän näki näkyä
katseli Jeesuksen ristiä
sitä katsellessaan hän huomasi
että hän olikin ristin toisella puolella
katseli ristiä toisesta suunnasta
ja samalla hän ymmärsi
olevansa nyt sisäpuolella

Se ratkaisee niin paljon miltä puolelta
tuota ristiä katselee
ulkopuolelta vai sisäpuolelta
ja miten elämää katselee
myönteiseltä vai kielteiseltä kannalta
suuri siunaus ja voima
on ristintyössä sen sisäpuolella

Räsymattokisa

Kauan sitten pienenä poikana
minulla oli kuten pojilla yleensä
paljon pieniä autoja
rauta-autoja ja muoviautoja
paljon pieniä leluautoja

Mielileikkini oli laittaa
niitä riviin räsymaton reunaan
monta autoa kerrallaan
arpanopalla annoin kullekin
pisteitä vuorollaan

Jos nopalla tuli yksi
siirsin autoa yhden raidan
jos tuli kuusi pääsi toinen
kuusi raitaa eteenpäin ja näin
sain aikaan rajuja rallikisoja

Monelle ihmiselle elämä on
yhtä arpapeliä ja räsymattokisaa
arpa ja onni johtaa täällä
kaikkea ihmisten menoa
räsymaton raitojen päällä

Voi tulla vain yksi
tai voi tulla kuusi
tai sitten tulee kaksi tai viisi
ei sitä tiedä sattumaa kaikki
arpapeliä räsymattokisan

Kun sitten tulin uskoon
ja löysin Jeesuksen
elämäni ei ole enää
sattuman julmaa arpapeliä
oman onneni varassa

Löytyi tarkoitus ja merkitys
yhteys Jeesuksen kanssa
taivaan kilparadalla
riennän ja tiedän pian
olen voittajana perillä

Tosi mies suomalainen

Mies niin rehvakkaasti vääntää
avainta autonsa oven
nyt tahdon mä kaikille näyttää
kuka minä oikein olen

Mies autonsa rattia kääntää
kiitää lujaa kaupungin katuja
tehoja näissä autoissa riittää
tosimiesten menopelejä

Tahtoo kaiken taakseen jättää
uutta kohti suunnistaa
niin paljon elämässä mättää
aikoo uuteen ponnistaa

Ei välitä muista mitään
itseään vain rakastaa
ei näin komeaa ketään
peilikuvaansa tarkastaa

Jää taakse vaimo ja lapset
ne tahtoo unohtaa
saahan aina uudet
sitten kun huvittaa

Omat rahansa itselleen käyttää
mitä tienaa ja omistaa
kukin oman onnensa päättää
muille en rahojani jaa

Elämä jatkuu tätä rataa
rahalla saa ja autolla pääsee
ajan vaikka kahta sataa
niin että karstat karisee

Mitäs kotona tapahtuu
mitä vaimo ja lapset nyt kokee
kuva kaunis elämän rikkoutuu
mies kaiken jalkoihin polkee

En välitä entinen menköön
olen mies vapaa menemään
mottoni vain: "minä eläköön!"
panen toiset kärsimään

Onko mies suomalainen
näin kova julma omilleen
parempi kuin lapset ja nainen
jääneet yksin murheeseen

Parempi nyt miehelle olisi
jos autonsa romuksi ajaa
tulisi paikalle poliisi
puhuttelisi kaahaajaa

Miten saada pysähtymään
mies isä hyvän perheen
joka riehuu tyhmyyttään
tehnyt on pahan virheen

Ei tosi mies ole sellainen
joka itseään ajattelee
kunnon mies on uskollinen
hyvin perhettään kohtelee

Suurin arvo ja omaisuus
on miehelle vaimo ja lapset
se suuri hellyys ja rakkaus
jota osoittaa läheiset

Myy autosi pois
itsestäsi liikaa luulet
vähemmälläkin elää vois
nuo haaveesi liian suuret

Peilikuvakin valehtelee
et harmaata hiuksissas huomaa
jos kauempaa katselee
näkyy merkkejä ajan tuomaa

Paras elämä ihmiselle
nöyrtyä itsensä olemaan
antaa kiitos Jumalalle
Hänen hyvästä hoidostaan

Paljosta voi mies kiittää
jolla rakastava vaimo ja lapset
kotona odottaa vastaan rientää
omat suloiset ihmiset

Patalaiska poika

Patalaiskaksi häntä haukuttiin
mutta pata se kiehui hiljaksiin
kun muut ei tulella olleetkaan
tai paloi pohjaan kuumuuttaan
poika kypsytti hiljaa puuroaan

Luonteen oli perinyt hiljaisen
saanut oli luontaisen hitauden
muut pilkkasi äitinsä näki sen
omistavan sisäisen puhtauden
näki pojan puhtaan rakkauden

Kun muut meuhkasi menojaan
vaahdoten vain omia huvejaan
patalaiska kulki omaa kulkuaan
muut luuli teki sitä laiskuuttaan
vaan eivät tunteneet luonnettaan

Patalaiska näki jotain enemmän
näki mökissä kärsivän emännän
yksin työssään raatavan isännän
lapsen josta tykättiin vähemmän
monen muunkin vaikean elämän

Patalaiska poika vain hiljakseen
jakoi rakkautta omaksi ilokseen
näki vain äiti annetun pojalleen
kyvyn toisenlaiseen rakkauteen
puuron padassaan jo kypsyneen

Huuto yössä

Kuka kuulee
kuuleeko kukaan
huutaa ääni sydämen
yössä niin monen
tuskaisen ihmisen

Kuka kuulee
kuuleeko kukaan
on tarve suuri
tällä hetkellä juuri
keskellä suuren pimeyden

Kuka kuulee
kuuleeko kukaan
tuskaa kun kantaa
onko kellään antaa
kättä hellää nostaakseen

Kuka kuulee
kuuleeko kukaan
huutaako tyhjään
ei löydy yhtään
olkaa siinä itkeäkseen

Kuka kuulee
kuuleeko kukaan
kyyneleet poskilla
niin suolaiset huulilla
itkusta sen yöllisen

Eräs jo kuuntelee
vierelleen astelee
polvistuu lähelle
panee käden kädelle
kuiskaa sanan lämpöisen

Olen itse taistellut
kipusi jo kantanut
tiedän tuskasi
tulen avuksi
jaan sen kaiken kanssasi

Kuuletko sinä äänen
tuletko mukaan
ihana ääni Jeesuksen
vapauttaa sydämen
uusi rauha ja ilo täyttää sen

Paimenen turvassa

Lammas kaipaa paimentaan
tänään kyllä kaikki meni oikein hyvin
nyt lähdetään kotiinpäin palaamaan
mutta siinä se taas rotko kaikkein syvin
reunaa sen on totuttu kulkemaan
niin läheltä vaaraa suuren erämaan

Eikö vaaraa pelkoa nyt ollenkaan
lammas pysähtyy katsein kysyvin
paimen rauhoittaa lammastaan
matka jatkuu askelin varovin
on tottunut lammas paimentaan
aina kaikissa vaaroissa tottelemaan

Karu maa niukasti antaa kasvuaan
monet pensaat piikein pistävin
saa lampaan kiinni tarttumaan
irroittaa paimen vetää irti piikin
vie lampaansa aterioimaan
laaksoon veden ääreen virtaavaan

Lammas kaipaa paimentaan
sudet laumana tulee aikein julmin
paimen on valmis myös silloin taistelemaan
lammas pelkää kovin kaikki on sekaisin
mutta paimen ryhtyy puolustamaan
sauvallaan taas avutonta lammastaan

Karhu kun hyökkää ei totu sen karjuntaan
kitansa näky lie kaikkein pelottavin
avoin suu valmis lammasta raatelemaan
kuolema oli lähellä tovin
kunnes paimen taistelun raivokkaan
voittaa saa vihollisen pakenemaan

Lammas kaipaa paimentaan
paluumatka ei ollut kaikkein helpoin
käärmeet ja skorpionit aikeissaan
hampain ja myrkkypiikein pistävin
valmiina piilostaan iskemään
saattamaan uhrinsa kuolemaan

Paimen kantaa lammasta olallaan
kun tuska ja taistelu kaikkein suurin
hän rakastaa omaa lammastaan
kunnes suojaan vie vahvan muurin
paimen valmis henkensä uhraamaan
kunnes tullaan rantaan taivaan kotimaan

Kutsujan sana

Kuin syksyn tuuli puhaltaa
myös puhuu Jumalan ääni
hienovaraisesti vaikuttaa
hiljaiseen sisimpääni

On vielä auki hetken ovi
astukaa sisään rakkaat
ei kenenkään viipyä sovi
aikaasi enää vain hukkaat

Rakkautensa juuri sinulle
miksi rakkauden hylkäät
Auttajasi astuu lähelle
miksi rakkauttaan sä pelkäät

Paras osa ihmisen ajassa
on saada kokea armoa täällä
ihanin osa myös taivaassa
olla luonaan pilvien päällä

Tätä tahdomme julistaa
ilosanomaa Jeesuksen
Hän vieläkin voi pelastaa
jopa suurimman syntisen

Sadonkorjuun aika

Kohta viikate lyö
mutta onko viljaa
luonto vain kuivaa
ollut taivas niin hiljaa

Kohta viikate lyö
jo on aika elon
korjata saa sadon
maan pellon ja kedon

Kohta viikate lyö
mutta käynyt on tuho
jääkö huonoksi sato
jääkö tyhjäksi lato

Kohta viikate lyö
mihin teräni isken
jääkö työmme kesken
aseeni alasko lasken

Kohta viikate lyö
soi kutsu viimeinen
kuulee moni ihminen
on määränsä iäinen

Kohta viikate lyö
vielä taivas kutsuu
sydämet jos avautuu
moni ihminen pelastuu

Kohta viikate lyö
kypsä vilja leikataan
Golgatan armosta vaan
kotiin taivaan saatetaan

Loppurunnoo tuas pukkoo

Tuas lopuks pittää
ommooki heimoosa muistoo
siks sinne Kuopijon suuntaa
laetan iha ommoo runnoo
ku hyvi muistan ja tiiän
että siellä lähellä Puijoo
ja pitki Kallaveij rantoo
on immeisiä
nii mukavia ja lepposia

Jos jokukii siellä ois
joka tämän kirja kässiisä saes
ja nyt tätä kirjoo kahtoo
ja loppuu asti lukkoo
niin terveisiä vua
sinne Itä-Suomee ja Savvoo
ja kaekille hyvvee päevee
ja mukavoo iltoo

Taevaa Isä se tahtoo
niin monellakkii kohtoo
tätä pientä immeistä auttoo
aina uuvellee sylliisä nostoo
ja iha sitä sisintä
syväntä kaikesta murreesta
surkeesta itsetunnosta ja kovasta
ihmisen luonnosta ku Hän niin tahtoo
ihtesä kaltaseks ehjäks
muuttoo ja parantoo

Niin se on siellä niinku o teällä
yks leäke yks apu synni vaevaa
se on Jeesus joka aottaa
sama lähe sama kaevo joka jannoo
taevasikävään ja syvänvaevaan
ota vua leäke vastaa
niiku Sana sannoo
että usko aenovastaa
niin Hän sinuttii rakas ystävä
ottoo vastaa ja sinuakkii armahtoo

"Sillä me tiedämme, että vaikka tämä meidän maallinen majamme hajotetaankin maahan, meillä on asumus Jumalalta, iankaikkinen maja taivaissa, joka ei ole käsin tehty."

(2.Kor.5:1)